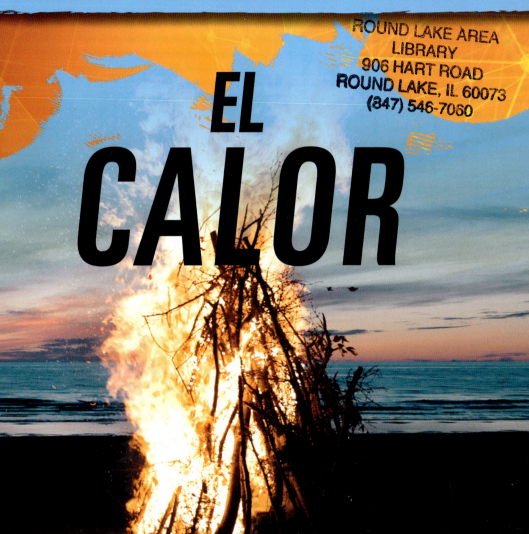

CONOCE LAS CIENCIAS FÍSICAS

EL CALOR

KATHLEEN CONNORS
TRADUCIDO POR ALBERTO JIMÉNEZ

Gareth Stevens
PUBLISHING

Please visit our website, www.garethstevens.com. For a free color catalog of all our high-quality books, call toll free 1-800-542-2595 or fax 1-877-542-2596.

Library of Congress Cataloging-in-Publication Data

Names: Connors, Kathleen, author.
Title: El calor / Kathleen Connors.
Description: New York : Gareth Stevens Publishing, [2019] | Series: Conoce las ciencias físicas | Includes index.
Identifiers: LCCN 2017046113| ISBN 9781538227732 (library bound) | ISBN 9781538227749 (pbk.) | ISBN 9781538227756 (6 pack)
Subjects: LCSH: Heat--Juvenile literature. | Thermodynamics--Juvenile literature.
Classification: LCC QC256 .C657 2018 | DDC 536--dc23
LC record available at https://lccn.loc.gov/2017046113

Published in 2019 by
Gareth Stevens Publishing
111 East 14th Street, Suite 349
New York, NY 10003

Copyright © 2019 Gareth Stevens Publishing

Translator: Alberto Jiménez
Editorial Director, Spanish: Nathalie Beullens-Maoui
Designer: Samantha DeMartin
Editor, Spanish: María Cristina Brusca

Photo credits: Series art Creative Mood/Shutterstock.com; cover, p. 1 weintel/Shutterstock.com; p. 5 (sauna) Przemyslaw Wasilewski/Shutterstock.com; p. 5 (sun) Aphelleon/Shutterstock.com; p. 5 (hot tub) Bill Kennedy/Shutterstock.com; p. 5 (campfire) prnkk/Shutterstock.com; p. 7 Vereshchagin Dmitry/Shutterstock.com; p. 9 gpointstudio/Shutterstock.com; p. 11 Karana/Shutterstock.com; p. 13 Ilya Marchenko/Shutterstock.com; p. 15 Narith Thongphasuk/Shutterstock.com; p. 17 Designua/Shutterstock.com; p. 19 Anna Jurkovska/Shutterstock.com; p. 21 Oliver Britton/Shutterstock.com; p. 23 corbac40/Shutterstock.com; p. 25 Samo Trebizan/Shutterstock.com; p. 27 LStockStudio/Shutterstock.com; p. 29 Romolo Tavani/Shutterstock.com; p. 30 (fire) Rvector/Shutterstock.com; p. 30 (oven mitts) Shahin Aliyev/Shutterstock.com; p. 30 (ice cubes) Great_Kit/Shutterstock.com; p. 30 (thermometer) EGOR_21/Shutterstock.com.

Printed in the United States of America

CPSIA compliance information: Batch #CS18GS: For further information contact Gareth Stevens, New York, New York at 1-800-542-2595.

CONTENIDO

Las palabras del glosario se muestran en **negrita** la primera vez que aparecen en el texto.

EL CALOR
ES ENERGÍA

En la Tierra, el calor toma muchas formas, desde la luz del Sol y el agua caliente de la ducha hasta el calor del horno. ¡En todas las formas, el calor es siempre energía! El calor es uno de los tipos de energía que hay en la Tierra.

SI QUIERES SABER MÁS

La termodinámica estudia formas de energía, como el calor.

4

5

NECESIDAD DE EQUILIBRIO

Cuando la energía se mueve de un **sistema** a otro debido a una diferencia de temperatura, ¡se crea calor! La materia o área de mayor temperatura se denomina *fuente de calor*. Una materia o un área de temperatura más baja es un *disipador de calor*.

SI QUIERES SABER MÁS

La energía se mueve de un sistema a otro para alcanzar el **equilibrio**.

DISIPADOR

FUENTE DE CALOR

7

El calor se mueve desde
la fuente de calor hasta
el disipador. Este movimiento
de energía no puede verse
porque sucede entre átomos
y **moléculas**. Eso significa que
cuando alguien se calienta,
¡no se ve!

SI QUIERES SABER MÁS

Toda la energía se mueve a nivel atómico,
no solo el calor.

9

CREAR
CALOR

La reacción química de combustión calienta. Otra forma de generar calor es la **fricción**. El calor también se produce y se pierde cuando el trabajo se hace de manera **ineficiente**, como cuando se arranca un motor o ¡cuando se usan los **músculos**!

SI QUIERES SABER MÁS

Se produce una reacción química cuando un compuesto se mezcla con otra cosa que causa cambios en él.

11

¡MEDIRLO!

La temperatura es la medida que indica qué tan caliente o frío está algo. Mide la velocidad a la que se mueven las **partículas** en la materia. Cuanto más rápido se desplacen las partículas, mayor será la temperatura.

SI QUIERES SABER MÁS

Cuanto más lenta es la velocidad de las partículas, más baja es la temperatura.

Los termómetros miden la temperatura. Pueden tener una o más **escalas** escritas en ellos. La escala Fahrenheit es la utilizada en Estados Unidos. En ella el agua se congela a 32 grados (°F). En los demás países del mundo se utiliza la escala Celsius: el agua se congela a 0 °C.

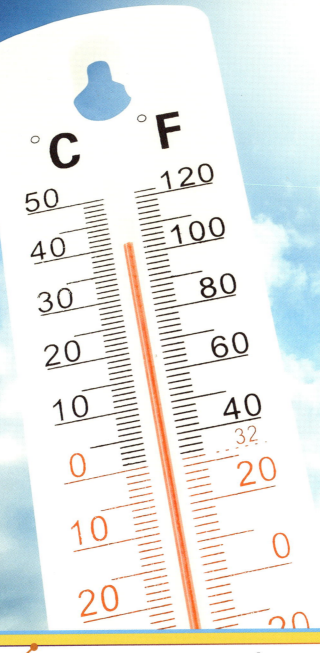

°C °F

50   120

40   100

30   80

20   60

10   40

    32

0   20

10   0

20   20

50

SI QUIERES SABER MÁS

Los científicos usan el término *caloría* para hablar
de una cantidad de calor igual a la cantidad
de energía calorífica necesaria para que
la temperatura de 1 gramo de agua suba
1 grado Celsius (centígrado).

15

Una escala de temperatura que suele usarse en ciencia es la Kelvin. La escala Kelvin se basa en cuánta energía hay en un sistema. Un sistema sin **energía cinética** está a la temperatura más fría posible, el cero absoluto: 0º en la escala Kelvin.

SI QUIERES SABER MÁS

¡En el cero absoluto no hay ningún movimiento de átomos ni de partículas!

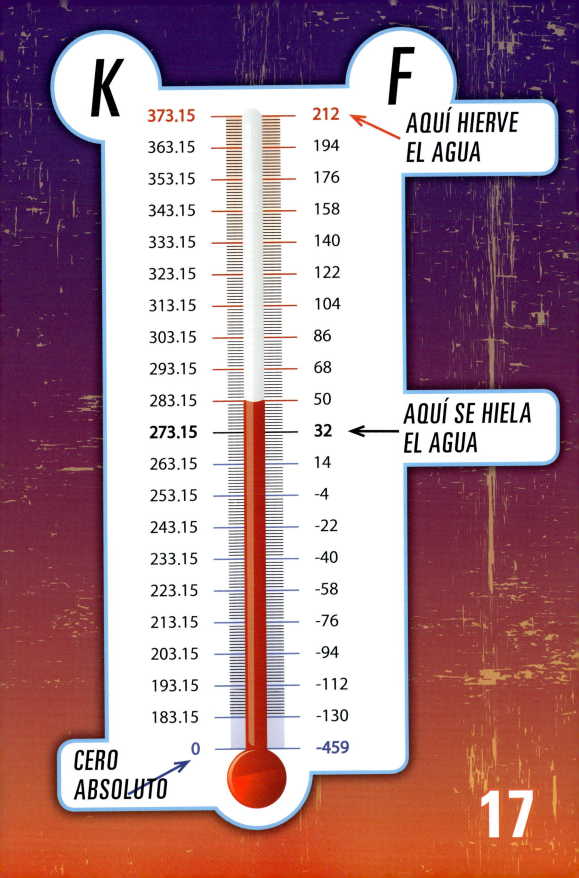

EL ESTADO DE LA MATERIA

El calor puede afectar a la materia. A medida que aumenta la temperatura, los gases, los líquidos y los sólidos se expanden. Cuando la materia pierde suficiente calor, sólidos, líquidos y gases comienzan a contraerse (se vuelven más pequeños).

SI QUIERES SABER MÁS

Los gases son los que más se expanden
y se contraen. Los sólidos, los que menos.

EL GAS
SE EXPANDE

AIRE
CALIENTE

19

Si se calienta un sólido,
se convierte en líquido.
Si se añade bastante calor
a un líquido, se convierte en
gas. Cuando un gas se enfría,
se vuelve líquido. Si un líquido
se enfría, pasa a ser sólido.

SI QUIERES SABER MÁS

La temperatura lo suficientemente alta para
que un sólido se convierta en líquido
se llama *punto de fusión*.

21

CALOR: MOVIMIENTO Y TRANSFERENCIA

La convección es el movimiento de grandes cantidades de materia hacia un sistema con distinta temperatura. El sistema se calienta o se enfría debido a este movimiento. Ocurre solo en líquidos y gases. En la **atmósfera** de la Tierra ¡sucede todo el tiempo!

EL AGUA FRÍA SE HUNDE

EL AGUA CALIENTE SUBE

EL AGUA FRÍA SE HUNDE

SI QUIERES SABER MÁS

Un horno de convección utiliza un ventilador que mueve aire caliente, lo que ayuda a que la comida se cocine mejor.

La conducción es
la transferencia de energía
térmica. El calor se mueve
por la materia desde la
temperatura más alta a otra
con la temperatura más baja.
El calor se desplaza hasta
que toda la materia está
a la misma temperatura.

SI QUIERES SABER MÁS

Los aislantes evitan que el calor se mueva de un
sistema a otro. Al igual que las plumas o el pelaje
de los animales, los aislantes frenan o retrasan
la transferencia de calor.

AISLANTES

25

RADIACIÓN
DE CALOR

La radiación es otro tipo de transferencia de calor donde no hay contacto: es calor que sale de la materia en forma de ondas electromagnéticas. Estas ondas son la energía y la luz que se mueven a nuestro alrededor todo el tiempo. Solo podemos ver algunos tipos de ondas electromagnéticas.

26

SI QUIERES SABER MÁS

Cualquier tipo de materia irradia calor todo el tiempo: cuanto más alta sea la temperatura de la materia, más fuerte será la radiación de calor.

27

Todo irradia calor, las personas también: cuanto más alta sea la temperatura de la materia, más fuerte será la radiación de calor. ¡Uno de los mejores ejemplos de radiación es el calor del Sol!

SI QUIERES SABER MÁS

La radiación también hace que la materia se enfríe. Esto sucede porque la energía calorífica siempre se mueve hacia la materia o a sistemas con menor cantidad de energía calorífica.

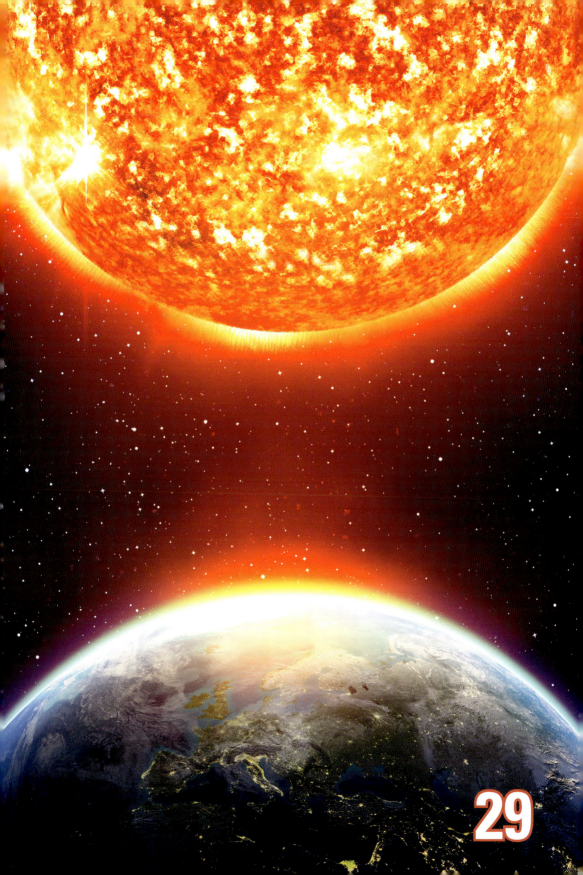

29

FUNDAMENTOS
DEL CALOR

Calor: forma de energía.

La temperatura es una medida de calor. Se expresa en unidades llamadas Celsius, Fahrenheit o Kelvin.

La energía calorífica siempre se mueve de la materia caliente a la menos caliente.

Ganar o perder calor puede causar que la materia cambie de estado.

El calor se produce por fricción, reacciones químicas o trabajo.

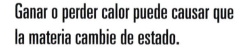

Los aislantes retardan la transferencia de calor.

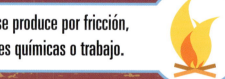

El calor se mueve o transfiere por conducción, convección y radiación.

GLOSARIO

atmósfera: mezcla de gases que rodea un planeta.

energía cinética: energía que tiene que ver con el movimiento.

equilibrio: estado compensado.

escala: rango de números usado para mostrar el tamaño o la fuerza de algo.

fricción: fuerza que ralentiza el movimiento entre dos objetos que se tocan entre sí.

ineficiente: forma menos efectiva o decidida de hacer algo.

molécula: diminuta parte de algo.

músculos: partes del cuerpo que, junto con los huesos y tendones, hacen posible el movimiento.

partícula: pequeña parte de algo.

sistema: partes conectadas que trabajan juntas.

PARA MÁS INFORMACIÓN

LIBROS

Polinsky, Paige V. *Super Simple Experiments with Heat and Cold: Fun and Innovative Science Projects.* Minneapolis, MN: Super Sandcastle, 2017.

Steinberg, Lynnae D. *What Is Heat Energy?* New York, NY: Britannica Educational Publishing, 2018.

SITIOS DE INTERNET

Datos sobre el calor

www.scienceforkidsclub.com/heat-facts.html
Lee más sobre el calor en este divertido sitio.

Física para niños

www.sciencekids.co.nz/physics.html
Entérate de muchas más cosas sobre temas científicos aquí.

Nota del editor para educadores y padres: nuestro personal especializado ha revisado cuidadosamente estos sitios web para asegurarse de que son apropiados para los estudiantes. Muchos sitios web cambian con frecuencia, por lo que no podemos garantizar que posteriores contenidos que se suban a esas páginas cumplan con nuestros estándares de calidad y valor educativo. Tengan presente que se debe supervisar cuidadosamente a los estudiantes siempre que tengan acceso al Internet.

ÍNDICE